I0707619

Créer
Renforcer
son
NON-PROFIT

**L' abc des fondements et
de la gestion d'une organisation à but non Lucratif**

Tous droits Réservé © 2024 Yvenely G

ISBN: 979-8-87-723751-3
Conception de la couverture par : Piyaytech Solutions

Créer Renforcer son NON-PROFIT

L' abc des fondements et de la gestion d'une organisation à but non Lucratif

Avant-Propos

Contnt de vous avoir avec nous pour pouvoir decouvrir les pages intéresssants de "Creer, Renforcer son Non-Profit". Ce livre émerge comme une ressource inestimable pour ceux qui aspirent à comprendre les rouages complexes de la formation, du développement et du renforcement d'une organisation solide et efficace. Que vous soyez un novice, ou un expériment du secteur, ce livre est conçu pour vous guider à travers les différentes étapes de la création et du renforcement d'une organisation prospère.

Table Des Matières

Page

Chapitre I
Définition, Raison et Types

I- C'est quoi une Organisation ?

Une organisation est un regroupement de personne (hommes, femmes, enfants) ayant des des intérêts et des objectifs communs et qui décide de s'unir pour résoudre un problème et réaliser des activités dans l'intérêts de la communauté.

II- Pourquoi a t-on besoin de créer une organisation?

On crée une organisation

- Pour réfléchir et chercher des solutions aux problèmes qui gangrènent une communauté
- Pour aider la communauté a se mettre sur les rails du développement et améliorer la vie des gens par exemple dans les services publiques (Santé, Éducation, Irrigation)
- Afin de trouver un meilleur encadrement

Attention : Une orgnanisation n'est pas un business, on ne crée pas une organisation pour gagner de l'argent

III- Différents types d'organisations

Il existe par ailleurs différents types d'organisations qui se différencient par leur document et leur fonctionnement. On a :

a - Organisation moderne ou formelle

C'est une organisation légale, reconnue par l'état et ayant des papiers légaux qui définissent son fonctionnement. Par exemple, le statut, les règlements internes, l'acte constitutif, le procès verbal etc.

b - Organisation traditionnelle ou informelle

C'est une organisation non enregistrée dans les bases de données de l'état. La base de fonctionnement d'une telle organisation se trouve dans les habitudes, les traditions, les moeurs et la culture de la communauté. Ce type d'organisation a son propre structure de fonctionnement avec un responsable au commande sans document régissant son fonctionnement.

IV- Devenir Membres d'une organisation

Pourquoi devenir membre d'une organisation doit-on se demander?
Une personne devient membre d'une organisation quand:

- Elle trouve son intérêt dans les objectifs poursuivis par l'organisation.
- Elle sent qu'elle peut être utile et partager ses connaissances avec les membres de l'organisation et la communauté.
- Elle est animée par un élan citoyen et comprend que l'organisation agit dans l'intérêt de la communauté.

V- Principes à respecter pour monter une organisation

Pour mettre sur pied une organisation et fonctionner légalement, il y a des normes et des principes à respecter :

a- L'organisation doit avoir des objectifs clairement définis

b- Définir son champ d'activité (developpement, Social, politique , Culturel ...)

c- Avoir un statut (acte constitutif) et des règlements internes afin d'éviter et d'empêcher tout conflit entre les membres

d- Élire un comité directeur ayant un mandat pour une durée déterminée.

e- L'organisation doit initier les démarches légales pour être reconnue par l'état. Exemple auprès du ministère des affaires sociales et les responsables de municipalité.

f- Tout le monde doit trouver son intérêt dans les projets, les activités de l'organisation et être au courant du fonctionnement de l'organisation en

   ° Participant aux réunions

   ° Demander des rapports et des informations

g- Établir une politique de côtisation pour avoir de l'argent dans la caisse pour les petite dépenses h- Avoir un plan de travail
- ° Que voulons-nous faire
- ° Pourquoi nous le voulons
- ° Repartition des tâches
- ° Delai d'exécution
- ° Lieu d'exécution

i- Toujours avoir un plan de réunion (ordre du jour)
- ° Definir les points à discuter
- ° Temps accordé pour chaque point
- ° Les intervenants

Chapitre II
Composante Structurelle et Fonctionnement

VI- Composantes Structurelles d'une organisation

A- Assemblée générale

C'est la plus haute instance de l'organisation. Ce pouvoir est constitué de tous les membres de l'organisation indistinctement. L'assemblée générale c'est la réunion de tous les membres de l'organisation pour :
- ° Voter des lois
- ° Bâtir le progamme des activités
- ° Donner son avis sur les décisions et les engagements de l'organisation

NB : L'Assemblée générale peut se réunir à l'extraordinaire sur convocation du comité exécutif quand il y a urgence sur un problème à résoudre et qui ne peut attendre.

B- Comité Exécutif ou comité directeur

Son rôle est d'exécuté le programme de travail qui a été bâti par l'assemblée générale. Il doit aussi veiller au respect des règles votés et établis. Ce comité peut regrouper au minimum 5 à 7 membres et au maximum 11 à 13 membres qui seront choisis démocratiquement par des élections.

Ce comité se compose :

• Du Président ou Coordonnateur

Il est le représentant de l'organisation devant l'état et les autres organismes. Il doit signer les correspondances de l'organisation et est responsable de mener toutes les rencontres. Il peut aussi y avoir un vice-président ou un coordonnateur adjoint pour remplacer le président en cas d'absence. Le président n'est pas le maître absolu de l'organisation, il ne peut en aucun cas prendre des décisions unilatérales sans consulter les autres membres, il ne dirige pas seul et ne peut pas détenir la caisse de l'organisation.

• Du Secrétaire

C'est le responsable des archives de l'organisation. Il doit sauvegarder tous les documents et les correspondances reçues. Il doit aussi préparer les correspondances que l'organisation doit envoyer ainsi que préparer le procès verbal des réunions pour y relater les points discutés et les résolutions adoptées tout en annonçant les informations de la nouvelle réunion (date, lieu, intervenant etc). Le secrétaire doit être une personne avec une bonne capacité de communication. Il peut y avoir un secrétaire adjoint.

• Du trésorier ou Comptable

C'est le responsable des biens matériels et immatériels de l'organisation. Il doit gérer la caisse et l'argent de l'organisation avec beaucoup de sérieux. Il doit présenter un rapport de la caisse à chaque réunion c'est-à-dire informer tous les membres de toute rentreé et sortie de la caisse. Le trésorier doit être quelqu'un ayant des connaissances en comptabilité ou en passage d'écriture.

• Des délégués

Ils sont responsables de faire circuler les informations au sein de l'organisation. Ils peuvent aussi régler autres choses sur demande du comité, par exemple ils peuvent représenter l'organisation à une rencontre. Les délégués doivent êtres des personnes qui peuvent s'exprimer bien, communiquer facilement et rédiger un compte rendu.

• Des Conseillers

Ce sont des personnes responsables d'aider le comité à prendre les bonnes décisions pour la bonne marche de l'organisation. Ils doivent être des personnes ayant beaucoup de maturité et parfois des personnes ayant de l'expérience dans la pratique des organisations.

C- Comité de gestion des activités

Chaque activité doit avoir un comité pour la coordination ou la gestion. Pour cela le comité doit élaborer un chronogramme d'activité et bien définir, repartir les tâches et les delais. Si les personnes devant exécutées les tâches n'ont aucunes expériences ils doivent suivre des formations avant d'exécuter ou de réaliser leur tâches.

VII- Fonctionnement d'une organisation

Le bon fonctionnement d'une organisation doit s'asseoir sur trois piliers importants:

1- Les réunions

Les réunions sont importantes pour une organisations. Elles représentent ce que la nourriture représente pour le corps humain. Une organisation qui ne se réunit pas peut se détériorer et se dissourdre. Les réunions doivent se faire régulièrement afin de permettre aux membres de connaitre le fonctionnement de l'organisation, se pencher sur les problèmes de la communauté et trouver ensemble des solutions. La fréquence des réunions dépend de la structure de l'organisation. Une jeune organisation à plûtot intérêt à se réunir régulièrement.

On distingue plusieurs types et niveaux de réunions.

- Réunion comité directeur peut se faire tous les 15 jours, tous les mois avant l'assemblé générale
- Réunion régulière peut se faire 1 fois par mois pour les membres, pour avoir leur opinions et leurs décisions sur les activités.
- Assemblée générale ordinaire: peut se faire 1 à 2 fois par année suivant le statut de l'organisation. Cette réunion c'est l'occasion pour les membres de faire le bilan de tout ce qui se passe dans l'organisation.
- Assemblée générale extraordinaire: Se fait quand le comité directeur, quelques membres ou le comité de gestion des activités le demande pour une urgence. Cette invitation doit être faîte par le comité directeur

NB: Les discussions dans les réunions se font toujours sur une base démocratique. Tout le monde a droit à la parole et peut exprimer le fond de ses pensées dans un respect mutuel

2- Les cotisatisations

C'est l'argent reccueilli au sein de l'organisation

- Elle peut être régulière : peut se faire chaque mois ou deux fois par mois ou encore une fois par an.
- Elle peut être spéciale : peut se faire chaque fois que l'organisation aura à réaliser un projet ou une activité.

NB: La cotisation peut prendre une autre forme qui ne soit pas l'argent. Dans le milieu paysan, certains membres donnent des récoltes de leurs jardins que l'organisation peut revendre et sauvegarder l'argent. Les bailleurs de fonds ne couvrent pas toujours tous les fonds nécessaires pour la réalisation d'un projet ou une activité

3- Les projets ou les activités

- Quand les membres conjuguent leurs efforts pour résoudre un problème.(problème d'eau, problème routier).
- Quand les membres sensibilisent la communauté autour d'un problème.
- Quand les membres planifient et réalisent une activité afin de réhausser l'image de la communauté.

Chapitre III
Documents et Légalisation

VIII- Documents pour le fonctionnement d'une organisation

Pour fonctionner légalement et correctement, une organisation a besoin de ces documents:

- **Le statut**
- **Le règlement interne**
- **Le procès verbal de chaque réunion**
- **Le cahier de présence**
- **Le rapport de caisse**
- **Le plan stratégique et le plan des opérations**

L'organisation doit entamer les démarches légales auprès des autorités compétentes pour être reconnue. Pour cela elle aura besoin de :

- **Une page de couverture**
- **Procès verbal dernière élection**
- **Acte constitutif (double original)**
- **Statut et du règlement interne (double original)**
- **Reconnaissance de la municipalite**
- **Pièces d'identité de quelques membres (copie)**
- **Certificat bonne vie et moeurs des membres du comité exécutif**

Ps: Ici nous avons tenue compte des lois et autorités haïtiennes, si vous vivez dans un autre pays veuillez vous renseignez pour connaitres les pièces requises.

Importance de ces documents:

1- Le plan stratégique et le plan des opérations

C'est un document dans lequel il est défini en assemblée générale toutes les activités de l'organisation qui l'aideront à atteindre l'objectif fixé. Après avoir fait la liste des activités, l'organisation devra voir dans quel delai elle poura les réaliser (mois, année) et aussi voir d'où viendra l'argent pour ces activités (cotisation, don, crédit).

2- Le statut et les règlements internes

Pour le bon fonctionnement d'une organisation, certains règles et principes doivent êtres définis.Ce sont les lois qui définiront le fonctionnement de ce regroupement de personnes que nous appelons règlements internes.

• Le Statut

C'est la pièce maitresse qui donne une idée de l'organisation. Son fonctionnement, son objectif, son type. Souvent le statut de l'organisation a un titre, des chapitres ayant des articles à l'instar de la constitution haïtienne. Voici quelques exemples qui peuvent être figurés dans un statut.

- ° Nom de l'organisation et son sigle
- ° Objectif de l'organisation
- ° Siège social (adresse, tel, email)
- ° Durée de l'organisation
- ° Cause pour dissoudre l'organisation et la gestion des biens
- ° Comment modifier le Statut
- ° Nombre de réunion ordinaire dans une année
- ° Motif d'expulsion, de sanction et d'avertissement d'un membre

NB: Le document du statut ne peut être modifié facilement. À chaque fois qu'il a été modifié les responsables doivent en informer les autorités étatiques. Le statut n'a pas besoin de trop de détails, les détails seront traités dans les règlements internes.

• Les règlements internes

Ce sont des mesures, des balises qui sont mises en place dans l'organisation afin de limiter les littiges. Les règlements internes contrairement au statut peuvent être modifiés facilement, suivant les problèmes auxquels fait face l'organisation. Mais ces changements ou ammendements doivent être faits en assemblée générale.

Voici quelques exemples qui peuvent êtres figurés dans les règlements internes.

      ° Nom de l'organisation et son sigle
      ° Date de création
      ° Siège social (adresse, tel, email)
      ° Objectifs
      ° Conditions pour devenir membre
      ° Droit et devoir du comité Exécutif
      ° Election
      ° Cotisation

• Le rapport de caisse

Ce sont des documents qui permettront au trésorier de mieux contrôler le va et vient de l'argent et de produire un meilleur rapport.

• Le cahier des procès verbaux

Après chaque rencontre, réunion, le secrétaire doit dresser un procès verbal de la rencontre qui contiendra:

      ° La date, le lieu, l'heure de la rencontre
      ° Le nombre de participant à la rencontre
      ° Plan de la réunion et les intervenants
      ° Les membres ayant motivés leur absence
      ° Détails sur les points discutés et les décisions
        adoptés
      ° La date, le lieu et l'heure de la prochaine
        rencontre

Modèle Lettre de couverture

Monsieur LOUIS Jacques
Directeur du Travail
En ses bureaux.-

Monsieur le Directeur
Le comité exécutif (nom de l'organisation).....vous présente ses compliments et à l'honneur de soumettre à votre direction, le dossier complet de la dite organisation pour son enregistrement

Veuillez recevoir monsieur le directeur nos salutations patriotiques.

Jameson Andre
Président

Modèle acte constitutif

Nous, citoyen(ne)s, d'Haïti, sur la foi de notre conviction, avons pris la décision dêtre sur les fronts baptismaux des Leaders ayant sa propre idéologie.

Cette réunion tenue en notre siège sis..................., en vue de fonder et de fait avons fondé...............ce...........Après l'élection d'un bureau Exécutif composé de sept (7) membres devant assurer la gestion de l'Organisation conformément aux règles statutaires, l'Organisation a pour objectif:

....

....

....

Suivent les signatures	nif	cin
Johny	----	------
Caleb	----	------
Balnave	----	------
Eric	----	------
Sandy	----	------
Patrick	----	------
Carlos	----	------

Fait à Port-au-Prince, ce........

Modèle de procès verbal

L'an 2024 et le............................à...........................Nous,Citoyen(ne)s d'Haïti, conscients du manque de motivation à participer, à évoluer dans un domaine ou un autre dans le pays par le manque de confiance. Convaincus qu'avec des organisations fortes et crédibles, ils seront visibles et encourageront plus de gens à aller au-delà d'eux mëmes.

En conséquence, avons tenu cette assemblée spéciale en notre local aux fins de fonder et de fait avons fondé cette Organisation " JEUNES LEADERS EN ACTION" (JLA)

Les membres se fixent les objectifs ci-après
....
....
....

Au cours de cette Assemblée spéciale, les membres présents ont élu un Bureau Exécutif dont la mission consiste à gérer ladite Organisation conformément aux présents statuts. Ce bureau Exécutif est composé de

Nom et Prénom	Poste	Signature
....	....	....
....	....	....
....	....	....
....	....	....
....	....	....
....	....	....
....	....	....

J'espère que ce livre vous a permis d'acquérir les connaissances et les techniques nécessaires sur le fonctionnement et la réglémentation des organisations à but non lucratifs. Merci d'avoir pris le temps de le lire. Ciao!!!!

41